Eveline Jäger · Hexenprozess 2016

Eveline Jäger

Hexenprozess 2016

Chronik einer Erfahrung

p u b l i c   b o o k   m e d i a   v e r l a g

FRANKFURT A/M ✱ LONDON ✱ NEW YORK

Die neue Literatur, die – in Erinnerung an die Zusammenarbeit Heinrich Heines und Annette von Droste-Hülshoffs mit der Herausgeberin Elise von Hohenhausen – ein Wagnis ist, steht im Mittelpunkt der Verlagsarbeit. Das Lektorat nimmt daher Manuskripte an, um deren Einsendung das gebildete Publikum gebeten wird.

Bibliografische Information der Deutschen Nationalbibliothek
Die Deutsche Nationalbibliothek verzeichnet diese Publikation in der Deutschen Nationalbibliografie; detaillierte bibliografische Daten sind im Internet abrufbar über http://dnb.d-nb.de.

Titelbild: Eveline Jäger
Abbildung S.54: Lucas van Leyden: Kain erschlägt Abel. - ETH-Bibliothek Zürich, Graphische Sammlung / D 474 / Public Domain Mark 1.0

Websites der Verlagshäuser der Frankfurter Verlagsgruppe:

www.frankfurter-verlagsgruppe.de
www.frankfurter-literaturverlag.de
www.frankfurter-taschenbuchverlag.de
www.publicbookmedia.de
www.august-von-goethe-literaturverlag.de
www.fouque-literaturverlag.de
www.weimarer-schiller-presse.de
www.deutsche-hochschulschriften.de
www.deutsche-bibliothek-der-wissenschaften.de
www.haensel-hohenhausen.de
www.prinz-von-hohenzollern-emden.de

Gedruckt auf säurefreiem, alterungsbeständigem Papier, hergestellt aus chlorfrei gebleichtem Zellstoff (TcF-Norm).

Printed in Germany

ISBN 978-3-86369-314-5

Im Verlag public book media erscheinen regelmäßig Werkstattausgaben, die der Verfasser gestaltet und die vom Verlag auf Wunsch des Autors/der Autorin nicht durch Lektorierung standardisiert werden. Das Buchprogramm gewährt somit unmittelbare Einblicke in den Arbeitsprozess eines Schriftstellers. Der Verlag bittet deshalb um Verständnis für etwaige Besonderheiten und Regelabweichungen, Gestaltungsformen, die so individuell sind, dass sie als grammatische oder Satzfehler missverstanden werden können oder jedenfalls einen authentischen Einblick in die Schriftstellerwerkstatt gewähren.

Ein Unternehmen der
FRANKFURTER VERLAGSGRUPPE
AKTIENGESELLSCHAFT
Mainstraße 143
D-63065 Offenbach
Tel. 069-40-894-0 ▪ Fax 069-40-894-194
E-Mail: lektorat@frankfurter-literaturverlag.de

Für alle, die unter Verleumdung und einer Willkürjustiz leiden

Personen

Angeklagte – Fahrgast	Eva Jordan
Ankläger – Postautochauffeur	Mob Hänsli
Auskunftsperson – Korporal	Phil Hotz
Zeugin der Angeklagten	Ina Walter
Polizist – Adjunkt	Ramon Poch
Staatsanwalt	Dr. iur. Thom Burger
1. Anwalt der Angeklagten	Beat Braun
2. Anwalt der Angeklagten	Andi Früh
Richterin	Dr. oec. Ella Zeit

Die aufgeführten Namen sind Pseudonyme.

Es ist Sonntag, 26. April 2015, abends um acht Uhr. Eva Jordan wartet mit ihrer Bekannten Ina Walter auf den Bus. Sie befinden sich am Marktplatz in St. Gallen und sitzen auf der Bank unter dem Dach der Calatrava-Halle. Der Platz ist fast menschenleer. Als Eva den Bus kommen sieht, steht sie sofort auf, also ist sie beim Anhalten bereits an der Rampe. Sie streckt die Hand aus zum beleuchteten Knopf an der hinteren Tür, drückt und drückt und drückt, aber die Tür bleibt zu. Sie dreht sich zu Ina Walter um, die gemächlichen Schrittes herbeiläuft, und ruft ihr zu: „Der nimmt uns nicht mit." Frau Walter reagiert mit Klopfen an die Tür und augenblicklich geht sie auf. Eva ist höchst erstaunt. Neugierig, wer denn da am Steuer sitzt, schreitet sie nach vorne, was sie sowieso tun muss, um sich zu melden, damit der erforderliche Umweg in ihr Dorf gemacht wird. Es sitzt Mob Hänsli am Steuer und ihr ist klar, jetzt hat er seine Drohung wahrmachen und sie nicht mitnehmen wollen.

„Hargotzack, hond sie mi wirkli nit welle mitnia", rutscht es ihr über die Lippen. In aufgeregter Stimmung, von einer zünftigen Empörung erfasst, nimmt sie auf der rechten Seite im Viererabteil Platz. Das ist im vorderen Teil des Busses, nahe beim Fahrer. Es sind insgesamt nur wenige Plätze frei und ihre Bekannte Ina Walter nimmt auf der linken Seite, auch in einem Viererabteil, Platz. Eva sitzt einer älteren, freundlich blickenden Frau gegenüber. Warum diese Aufregung? Die Frage ist ihr ins Gesicht geschrieben und Eva findet, sie soll es wissen. Diese Frau kann auch von einer Erfahrung erzählen, zwischen den beiden entwickelt sich ein Gespräch und Eva ist ihre Emotion ganz schnell wieder los. Ina Walter setzt sich, als es Platz gibt, neben sie, aber nicht, um über das zu reden, was vorgefallen ist, das scheint ihr kein Rätsel zu sein, sie hat nicht eine Frage dazu, es herrscht vor allem Schweigen.

Eva kommt das Gleichnis vom guten Hirten und dem bösen Wolf in den Sinn. (Anmerkung Seite 54) Sie bekam die Worte aus der Bibel vor wenigen Stunden zu hören und noch beschäftigt sie die Frage: Was ist da positiv, wenn der Hirte sich für seine Schafe töten lässt? Darauf eine Antwort zu finden, ist wahrlich nicht leicht, also hat sie diesen Denkprozess auch noch nicht abgeschlossen, und weil sie weiss, Frau Walter steht der Kirche nicht fern, versucht sie das zum Thema zu machen. Doch sie stösst auf Ablehnung, darüber zu sprechen, hat ihre Bekannte absolut keine Lust.

Nach einer halben Stunde ist Eva am Ziel. Das Aussteigen verläuft ganz normal. Sie nimmt die hintere Tür. Dann läuft sie dem Bus entlang nach vorne, und es ist kaum zu fassen, sie steht vor dem Chauffeur. Er ist gleichzeitig mit ihr, um sie aufzuhalten, bei der vorderen Tür ausgestiegen. Wie schon einmal droht er ihr erneut, sie nicht mehr mitzunehmen. Eva ist über alle Massen entsetzt und dabei macht sie den Fehler, dass sie wieder einsteigt. Sie geht zu ihrer Bekannten, weil sie wissen möchte, ob sie ihre Zeugin wäre, denn diesen Vorfall will sie melden. Ina Walter hat kein Verständnis dafür und Eva möchte den Bus sofort wieder verlassen, aber Mob Hänsli, der hinter ihr auch gleich wieder einsteigt und die Tür schliesst, machte nicht auf, er fährt los.

Eva setzt das Haltesignal, damit sie im Dorf aussteigen kann, das ist schnell erreicht, und Mob Hänsli hält auch an, aber er öffnet keine der Türen. Niemand, ausser ihr, will den Bus verlassen, also kann er sie regelrecht einsperren. Eva ruft: „Lassen Sie mich aussteigen“, aber er reagiert nicht. Sie geht nach vorne, um es ihm zu sagen und dabei sieht sie ihn telefonieren. Er teilt ihr mit, dass er die Polizei am Apparat hat. Das bringt sie sehr zum Erschrecken, weiss sie doch: Jetzt werde ich schwer verleumdet. Der Gedanke, es könnte ihm geglaubt werden und die Polizei käme, versetzt sie schier in Panik. Dennoch verhält sie sich nicht so, wie man es in einem Film sehen könnte.

Sie verliert nicht die Fassung, sie rastet nicht aus, sie geht auf Abstand zur hinteren Tür, sie drückt und ruft, denn sie will nur eines: aussteigen. Doch die Tür bleibt zu. Sie geht wieder nach vorne, sagt ein weiteres Mal, er solle sie aussteigen lassen, die Tür geht auf und sie kann den Bus verlassen. Er hat den Hörer noch in der Hand, als sie aussteigt, auch lässt er sich ganz schön Zeit, bis er die Fahrt wieder aufnimmt. Eva hat bereits den halben Weg zurückgelegt, als er an ihr vorbeifährt.

Froh, dieser Peinlichkeit entkommen zu sein, die durch das Erscheinen der Polizei entstanden wäre, aber aufgebracht und aufgewühlt, als hätte sie ein Sturm erfasst, kommt sie heim. Sie zieht sich um, sie geht wieder nach draussen, sie läuft bis in die Nacht hinein durch die Gegend, aber müde wird sie dabei nicht. Gegen Mitternacht nimmt sie ein Schlafmittel. Das verhilft ihr zu einigen Stunden Erholung in der Tiefe des Unterbewusstseins.

Doch sofort beim Erwachen ist ihr das furchtbare Geschehen wieder vor Augen und sogleich kommt ihr auch die Frage: Was hat er denen vorgelogen? Sie würde es gerne wissen, zudem möchte sie der Polizei mitteilen, wie es wirklich war und was dazu geführt hatte. Mit einem Anruf versucht sie Licht in dieses Dunkel zu bringen, aber der Beamte hat keine Ahnung von diesem Telefonat und nachfragen tut er nicht. Ihr Argument, sie habe Grund Mob Hänsli anzuklagen wegen Freiheitsentzug, führt nicht dazu, dass es auch zu einer Anzeige kommt.

Als Eva in den Bus einstieg, um Ina Walter zu fragen, ob sie ihre Zeugin sei, hatte sie nicht die Absicht, eine Meldung bei der Polizei zu machen. Sie wollte es nur vor seinen Chef bringen, denn sie wusste, er müsste ihr nicht glauben, er könnte die Situation überprüfen. Er könnte sehen, dass die Türe am Marktplatz nicht gleich aufging, und dass Mob Hänsli den Bus beim Hopsbermoos länger anhielt, als es nötig ist, damit eine Person aussteigen kann. Die Fahrzeuge sind durch ein Computersystem kontrolliert.

Mit dem Anruf bei der Polizei bekam Eva nicht zu wissen, ob die Betriebsleitung über diesen Vorfall informiert worden war. „Wenn das mit dem Telefonanruf nur ein Theater war, dann wissen sie es nicht“, denkt sie, „aber sie müssen es wissen und von mir sollen sie es auf jeden Fall auch zu hören bekommen.“ Also greift sie zum Hörer, um zu schildern, was sich zugetragen hat am Marktplatz, bei der Haltestelle Hopsbermoos, und im Dorf. Es wird ihr zugehört und man verspricht ihr, der Fall werde überprüft.

Ruhig und gelassen harrt sie nun der Dinge, die da kommen werden. Die Leitstelle lässt nichts von sich hören. Eva denkt, die Sache wird sich erledigt haben. Entsprechend überrascht ist sie über die Vorladung aus dem Departement Sicherheit und Justiz, die mit Datum 6. Mai 2015 in ihrem Postfach liegt. Sie hat sich wegen Beschimpfung und Ehrverletzung zu rechtfertigen. Die Einvernahme auf dem Polizeiposten wird der Adjunkt Ramon Poch machen. Sie kann den Termin 12. Mai nicht einhalten der neue ist am Montag, 18. Mai.

Pünktlich um 14 Uhr erscheint sie auf dem Posten, das Verhör dauert eineinhalb Stunden. Dabei erfährt sie, der Chauffeur fühle sich in seiner Ehre verletzt, weil sie zu ihm gesagt habe, er sei eine Sau. Auch ein Fahrgast habe das gehört und zu Protokoll gegeben. Eva ist nicht erstaunt, eine solche Lüge zu hören, doch ein Fahrgast, der dafür Zeugnis ablegt, das bestürzt sie. Zur Verstärkung ihrer Verteidigung erklärt sie: „Frau Walter wird bestätigen, dieses Wort nicht gehört zu haben.“ Damit gibt sie ihre Bekannte als Zeugin an. Adjunkt Poch nimmt ihren Namen ins Protokoll auf, aber erst am Schluss, als sie es ihm noch einmal sagt. Von der Telefonnummer und der Adresse jedoch will er nichts wissen: „Die brauchen wir nicht“, sagt er, „Sie hören dann vom Staatsanwalt.“

Eva kann wieder nichts anderes tun als abwarten. Am 18. Juni macht sie einen Abendspaziergang ins Dorf. Sie leert das Postfach und dabei findet sie einen Abholschein für den Brief vom Gericht. Früh am Morgen, sie hat eine Wanderung mit Freunden vor, erscheint sie, um die Sache in Empfang zu nehmen. Anschliessend sitzt sie im Bus, sie öffnet das Kuvert und fällt fast in Ohnmacht, es ist ein Strafbefehl. Sie hat sechshundert Franken zu bezahlen, oder sie wird für vier Tage in Arrest genommen, zudem ist eine Probezeit von zwei Jahren ausgesprochen. Zum Glück ist sie bald danach nicht mehr allein und am Durchschreiten einer herrlichen Natur, das hilft ihr, diesen Schock zu verkraften.

Nach der Tour im Alpstein reicht es ihr zeitlich gerade noch, um in Herisau die Kanzlei der Staatsanwaltschaft aufzusuchen. Eva nimmt das Recht auf Akteneinsicht in Anspruch und verlangt Kopien von den Protokollen. Jetzt weiss sie, was der Chauffeur und sein Kumpel, der Fahrgast Phil Hotz, er ist Militärangehöriger, herbeigelogen haben. Komischerweise gelten die beiden als Auskunftspersonen, der eine ist nicht Ankläger und der andere ist nicht Zeuge. Ihre Aussagen unterscheiden sich zum Teil stark, aber in zwei Punkten sind sie exakt gleich: Eva wird nicht Frau genannt, sie ist die Dame, und der Einsteigeort ist das Theater.

Auch Mob Hänsli und Phil Hotz mussten die Rechtsmittelbelehrung zur Kenntnis nehmen und dies mit ihrer Unterschrift bestätigen. Es heisst:

Wenn Sie mit Ihren Aussagen einen Nichtschuldigen wider besseres Wissen einer Straftat beschuldigen, machen Sie sich der falschen Anschuldigung gemäss Art. 303 STGB strafbar und können mit Freiheitsstrafe bis zu 20 Jahren oder Geldstrafe bestraft werden. Wenn Sie mit Ihren Aussagen wider besseres Wissen anzeigen, es sei eine strafbare Handlung begangen worden machen Sie sich der

Irreführung der Rechtspflege gemäss Art. 304 STGB strafbar und können mit Freiheitsstrafe bis zu drei Jahren oder Geldstrafe bestraft werden.

Sie wurden vom selben Polizisten einvernommen wie die Angeklagte und es macht ganz den Anschein, die zwei hätten gewusst: Es ist egal, was wir sagen, nach der Wahrheit wird nicht Ausschau gehalten.

Die Autorin führt nicht alle Fragen des Adjunkten Ramon Poch an den Chauffeur Mob Hänsli auf, aber diese eine, die mit der umfassendsten Antwort, soll Einblick geben:

Ramon Poch: *Können Sie mir - aus Ihrer Sicht - die Situation genau schildern?*

Mob Hänsli: *Angefangen hat es in St. Gallen, bei der Haltestelle „Theater". Dort standen drei Personen draussen, welche mit mir mitfahren wollten. Die Türe hinten ging trotz mehrmaligem drücken nicht auf, und als es ging, stiegen die Personen ein. Die Dame kam dann wie eine Furie zu mir nach vorne - wie immer - und beschimpfte mich, dass ich sie nie mitnehmen wolle und sie immer stehen lassen würde. Sie ging dann zum Vierer-Abteil auf der linken Seite (Fahrtrichtung) und setzte sich neben Frau Walter. Diese sass schon dort und sie kannte sie. Frau Walter meinte dann zu der Dame, sie soll doch still sein, und dass dies nicht stimme. Sie wollte sie beruhigen und irgendwann fiel der Ausdruck „Sau". Irgendwann wurde sie dann ruhig, motzte aber doch immer wieder einmal.*

Irgendwann rief ich dann mal nach hinten, dass es irgendwann gut sei und sie ruhig sein solle. Wir fuhren dann via Rehetobel nach Wald. Bei der Oertlichkeit Ebni wollte sie aussteigen. Sie stieg dann hinten aus dem Postauto aus. Ich stieg ebenfalls kurz aus und wollte sie darauf hinweisen, dass wir so nicht weitermachen können. Ich würde mich nicht jedes Mal, wenn sie mitfahre, beleidigen oder beschimpfen lassen über Sachen, welche so nicht stimmen. Zu diesem Zeitpunkt standen wir draussen. Plötzlich nahm sie einen Satz wieder ins Postauto (vorne)und begann wieder mit Frau Walter zu diskutieren. Sie meinte zu dieser „siehst du jetzt". Daraufhin forderte ich die Dame höflich und drei Mal auf, das Postauto zu verlassen. Dann meinte ich, so jetzt ist fertig, schloss die Türen und fuhr weiter. Die Dame diskutierte dann weiter mit Frau Walter, dass ich sie schon wieder nicht rauslasse. Frau Walter meinte nur, dass sie selbst Schuld habe und der Chauffeur den Fahrplan einhalten müsse.

Während der Fahrt von der Oertlichkeit „Ebni" bis zum Dorf rief ich dann die Polizei (über das Kassensystem haben wir die Möglichkeit zu telefonieren. Das läuft dann via Freisprecheinrichtung, was die Fahrgäste auch mitbekommen.) Während dem Anruf stand die Dame neben mir und bekam auch den Anruf mit.

Im Dorf Wald öffnete ich dann die Türe und die Dame stieg normal aus und lief davon. Frau Walter meinte dann nur, dass sie sie noch nie so hysterisch erlebt habe.

Eva sagt: „Ich hörte nicht, was er mit der Polizei sprach, er telefonierte ganz gewöhnlich. Ich stand auf der Fahrt ins Dorf nicht neben ihm. Ich hielt mich vor allem bei der hinteren Tür auf, in der Hoffnung, sie werde aufgehen. Es verwundert mich, dass er meine Bekannte beim Namen nennen konnte. Meiner Meinung nach hat er sich danach erkundigt. Die Worte, die er ihr in den Mund legte, halte ich für eine Unterstellung. Frau Walter kennt mich nur von den gelegentlichen Busfahrten her."

Nach der Auskunft des Korporals Hotz kam Eva im Stechschritt in den Bus gestürmt, und im Weiteren sagte er aus:

Auf direktem Weg ging sie zum Chauffeur nach vorne und beschimpfte ihn, warum er nicht anhalte, sie sei ein Gast, wie jeder andere. Es sei nicht das erste Mal und sie habe nur immer „Lämpen" mit dem Postautobetrieb. Sie müsse jedes mal kämpfen, dass angehalten werde und es wäre auch nicht das erste mal, dass sie an ihr vorbeifahren würden. Der Fahrer hörte kurzzeitig zu, gab keine Antwort - so viel ich hörte - und nahm seinen Dienst weiter auf und fuhr weiter.

Die Dame versuchte mit Fahrgästen ihre Sorgen zu teilen. Eine Bekannte, etwa im gleichen Alter und etwas fester, probierte sie dann zu beruhigen. Sie sass auf der anderen Seite und die aufgelöste Dame murmelte und fluchte weiter vor sich hin. Nach schätzungsweise einer viertel Stunde hatte sich die Angelegenheit beruhigt. Die Dame stieg beim Bus bei der hinteren Türe aus, lief in Fahrtrichtung nach vorne. Der Busfahrer sah dies ebenfalls und stieg ebenfalls vorne aus. Er suchte darauf hin mit der Dame das Gespräch. Ich verstand aber nichts von dem Gespräch - das war draussen.

Darauffolgend stieg der Chauffeur wieder ein und die Dame kam ebenfalls hintennach - vorne. Die Dame beschimpfte, beleidigte weiterhin den Chauffeur und vollführte eine grosse Szenerie. Daraufhin stand der Chauffeur wiederum von seiner Fahrposition auf und bat die Dame, den Bus zu verlassen. Sie widersetzte sich dieser Aufforderung und stand stur neben dem Chauffeur und fluchte weiter. Der Chauffeur bat die Dame nochmals auszusteigen. Sie meinte jedoch nur, dass sie aus Prinzip hier bleibe. Daraufhin schloss der Chauffeur die Türen und fuhr weiter. Im gleichen Atemzug explodierte die Dame wieder und wies den Chauffeur wieder an, anzuhalten. Sie sei ein Gast und habe das Recht auszusteigen. Daraufhin reagierte der Chauffeur aber nicht. Während dem Losfahren betätigte dann der Chauffeur den Notruf und avisierte die Polizei. Dies war via Notrufknopf welche die Freisprechanlage auslöste und man hörte am anderen Ende eine Frau am Sprechen.

Währenddem der Chauffeur am Gespräch mit der Frau von der Polizei war, erreichten wir die nächste Haltestelle und die Dame stieg aus. Während der Fahrt zwischen den Haltestellen versuchte die Kollegin der aufgebrachten Dame darauf hinzuweisen, dass sie mit Respekt und Anstand mit den Leuten sprechen solle. Sicher nicht in diesem Ton, ansonsten sie nicht mehr zu ihr stehen könne.

Es ist entsetzlich gelogen, was Phil Hotz da hervorbrachte, es stinkt zum Himmel, besonders brutal holte er aus und schlug zu, als er die Antwort gab auf die folgende Frage des Adjunkten:

Können Sie mir den genauen Wortlaut der Dame nennen, wie sie den Chauffeur ungebührlich betitelte?

Sie sagte, du Sau, das nächste Mal hälst du an! Ebenfalls ist das Wort Sauladen gefallen und beim Aussteigen habe ich die Wörter nicht mitbekommen. Im Bus drinnen sprach sie immer nur von denen und meinte wohl damit den Betrieb selber und die Chauffeure.

Dazu stellt sich die Frage: Sass Phil Hotz nüchtern im Bus? Gut möglich, dass er ziemlich vollgepumpt war mit Alkohol. Wenn die Erinnerung keine Rolle spielt und die Hauptsache ist, die Angeklagte so schlecht wie möglich darzustellen, dann konnte das dem Adjunkten Poch wurst sein. Mit keinem Wort hat sie jemals über den Betrieb hergezogen, dazu hatte sie auch gar keinen Grund.

Was hat den Korporal dazu bewogen, eine falsche Zeugenaussage zu machen? Aus Wut gegen sie kann es nicht sein. Sie hat ihm nicht die geringste Veranlassung dazu gegeben. Die beiden sind sich nie begegnet. Sie hat keine Ahnung, wie Phil Hotz aussieht.

Eva ist mehr als doppelt so lang Kundin wie Mob Hänsli Chauffeur. Bereits von Anfang an war ihr ein anderer Chauffeur nicht freundlich gesinnt. Bei ihm zeigte es sich nicht nur im Blick, den er ihr zuwarf, sie bekam es auch zu merken, weil er ihr den Gruss nicht erwiderte. Als jener sie mehr als ein Mal nicht aussteigen liess, obwohl sie das Zeichen dafür setzte und rief, ein Mal auch an ihr vorbeigefahren wäre, wenn nicht eine Freundin für sie gerufen hätte, beschwerte sie sich über ihn. Sie bekam einen Brief mit einer Entschuldigung seiner Vorgesetzten. Daraus schliesst sie, man habe versucht das Problem so zu lösen, dass es für beide einigermassen stimme. Bei der nächsten Begegnung mit diesem Chauffeur aber wusste sie: Jetzt ist der Hass total. Sie sah es ihm an, sein Blick brachte sie zum Erschauern. Wenn möglich wich sie ihm aus, gerne nahm sie die hintere Tür, und wenn sie nur abstempeln musste, war das auch möglich.

Sie sagt: „Der Stress, den dieser Chauffeur und Mob Hänsli mir verursachten, war enorm, er fing bereits beim Warten an. An der Haltestelle Hopsbermoos ist man oft allein, es war immer ein Aufatmen, wenn ich sah, dass der Fahrer anhielt. Dennoch war mir das Busfahren nicht vergällt. Ich hatte ausser den beiden mit keinem anderen Fahrer ein Problem. Von vielen wurde ich immer sehr nett und freundlich behandelt und es können Wochen vergehen, bis man denselben Chauffeur wieder einmal sieht."

Mob Hänsli liess sich von dieser Feindschaft anstecken, vermutet Eva nicht zu Unrecht. Er nahm ihr plötzlich den Gruss auch nicht mehr ab, warf ihr auch einen unguten Blick zu, und nachdem er sie zwei Mal nicht aussteigen liess, obwohl sie drückte, die Signalangabe kontrollierte und rief, beklagte sie sich über ihn. Ihre Situation aber verbesserte das nicht im Geringsten, im Gegenteil, von da an wusste sie: Jetzt gibt es zwei, die mich nicht mitnehmen oder nicht aussteigen lassen, wenn sie können.

Die Auskunftsperson, Phil Hotz, war nicht nach Hause unterwegs, sondern als Angehöriger der Armee höchstwahrscheinlich zum Einrücken. Eva kennt durch das Protokoll seinen Wohnort. Was sich abspielte, als der Bus bei der Endstation in Heiden ankam, darüber gibt die Rapporterstattung des Adjunkten Poch an die Staatsanwaltschaft ein wenig Einblick:

Strafbare Handlungen gegen Ehre und den Geheim - oder Privatbereich

Meldung und Ausrücken:

Am Sonntag, 26.April 2015, 20:47 Uhr, meldete Mob Hänsli Postautochauffeur, der Kantonalen Notrufzentrale (KNZ) in Herisau, Wm R., dass er in Wald AR stehe und eine pöbelnde Frau im Postauto habe.

Gestützt auf diese Meldung bot die KNZ den diensthabenden Pikettmann Voderland Adj Poch R. auf, um den Fahrgast einer Kontrolle zu unterziehen. Ebenfalls wurde zur Unterstützung das Kripopikett, Kpl W., aufgeboten.

Um 20:59 Uhr, vor Eintreffen der Beamten, meldete Hänsli, dass die Dame in Wald AR ausgestiegen ist und sich somit das Problem erledigt habe. Zur Klärung der Sachlage wurde ein Treffen mit dem Chauffeur in Heiden AR, Post (Endstation), vereinbart.

Angetroffene Situation:

Der Postautochauffeur, Hänsli, sowie ein Fahrgast und zugleich Auskunftsperson, Hotz, konnten bei der Endstation Post in Heiden, angetroffen werden. Der Chauffeur schilderte die Erlebnisse während der Postautofahrt, bei welcher er durch Jordan Eva ungebührlich betitelt wurde. Die Angaben wurden vor Ort durch Hotz Phil bestätigt.

Zur genauen Klärung des Vorfalls wurden die beiden Personen (Geschädigter/Auskunftsperson) in den folgenden Tagen zum Regionalpolizeiposten in Heiden eingeladen und detailliert zum Sachverhalt befragt.

Phil Hotz machte seine Aussage auf dem Polizeiposten in Heiden gleich am nächsten Tag schon, am 27. April, um 9:55.

Mob Hänsli zwei Tage später, am 29. April.

Die Befragung der Beschuldigten, am 18. Mai 2015, begann wie folgt:

Adjunkt Poch: *Mögen Sie sich an diesen Vorfall erinnern?*

Eva: *Ja, natürlich. Ich habe ein sehr gutes Erinnerungsvermögen.*

Von den 26 Fragen, die Ramon Poch ihr gestellt hat, wird keine weitere aufgeführt. Erstens ist bereits gesagt, wie sie den Vorfall erlebte, und zweitens ist keine ihrer Antworten ausser dieser einen nach ihrem Wortlaut festgehalten. Er setzte Wörter ein, die sie nicht ausgesprochen hatte, ganze Sätze brachte er ein, die sie nicht gesagt hatte. Sie reklamierte dies und er sagte, sie dürfe korrigieren. Das tat sie auch an einigen Stellen, aber das machte die Sache kaum besser. Sie hätte sich weigern können, das Protokoll zu akzeptieren, aber dann hätte sie sich über ihn beklagen müssen und er hätte ganz sicher bestritten, etwas eingebracht zu haben, das aus seinem Kopf stammte und nicht aus ihrem. Sie hoffte, die Instanz über ihm werde trotzdem der Gerechtigkeit Raum geben und untersuchen, wer die Wahrheit sagt, also unterzeichnete sie.

Eva erinnert sich an das Zusammentreffen mit dem Staatsanwalt Thom Burger, als sie auf der Kanzlei war, um Akteneinsicht zu nehmen. Er sagte: „Das kostet viel Geld.“ Und sie liess ihn wissen, daran dürfe sie jetzt nicht denken, sie müsse sich wehren gegen diese schrecklichen Lügen. Als er sie ermunterte, Rekurs zu nehmen, zwei, drei Sätze würden genügen, da dachte sie, er wird für Gerechtigkeit sorgen. Sie konnte halt noch nicht wissen, dass er selbst zum Ankläger, beziehungsweise die Staatsanwaltschaft von ihm vertreten wurde.

In der Anklageschrift vom 22. Mai 2015 ist Mob Hänsli Geschädigter und die Bestrafung der Beschuldigten wird verlangt. Ob sie auch schuldig ist, das hat den Staatsanwalt nicht interessiert. Er unternahm nicht das Geringste, um der Wahrheit auf die Spur zu kommen. Eva sieht zwei mögliche Gründe dafür:

1. Ein Chauffeur und ein junger Mann, der eine militärische Laufbahn eingeschlagen hat, geniessen gegenüber einer schon etwas betagten Frau in jedem Fall eine bevorzugte Behandlung.
2. Die Staatsanwaltschaft wollte Rache üben. Es wird davon noch die Rede sein.

Wenn der Staatsanwalt sich das Gespräch des Mob Hänsli im Bus mit der Polizei angehört hätte, dann müsste ihm klar geworden sein, dass die Anklage auf Lügen basiert. Der Chauffeur und sein Kumpel gaben zu Protokoll, die Dame wollte nicht aussteigen. Ihr Rufen: „Lassen Sie mich aussteigen“, aber ist bestimmt durch den Telefonhörer gedrungen und bei der Polizei angekommen, denn die Leute im Bus verhielten sich alle aussergewöhnlich still.

Dieses Urteil weise ich zurück, den Entschluss fasste Eva augenblicklich. Sie suchte dafür auch ganz schnell einen ihr bekannten Anwalt auf. Als sie Beat Braun, einem älteren Herrn, den Fall vorlegte, sagte er:

Wenn Sie mit der Verurteilung nicht leben können, dann müssen wir dagegen vorgehen.

Doch weil ihre Zeugin nicht einvernommen wurde, wollte er noch nicht tätig werden. Er überliess es ihr, den Rekurs zu machen und zu verlangen, dass Ina Walter befragt werde. Um sie zu unterstützen, sagte er, sie solle den Thom Burger wissen lassen, dass er ihr Vertreter sein werde, das verschaffe ihr Respekt. Wie gut das tönte in ihren Ohren. Damit hatte er sie überzeugt, ein Mensch zu sein, auf den man sich verlassen kann. Ja, es kam ihr vor, als sei er ein Glücksfall. Und weil sie glauben konnte, mit ihm habe sie einen guten Anwalt gefunden, hatte sie für ein paar Wochen Entspannung und Erleichterung. Ihr Schreiben an die Staatsanwaltschaft erfüllte seinen Zweck und es ging wunschgemäss vorwärts.

Ina Walter wurde am 24. Juli 2015 einvernommen, vom Staatsanwalt Thom Burger höchstpersönlich. Eva hatte weder vorher, noch nachher, mit ihr darüber gesprochen. Zuerst durfte sie nicht, weil es ihr der Anwalt verboten hatte, und nachher war die Frau, wegen der sie in den Bus eingestiegen war, auf sie nicht mehr gut zu sprechen. Es war ihr höchst unangenehm und Eva wundert sich noch jetzt, dass sie den Gang gemacht hatte, sie hätte sich auch weigern können. Man kann sich gut vorstellen, dass Tom Burger sich gefreut hätte, wenn sie nicht gekommen wäre. Die Sitzung dauerte nicht lang, das ist im Protokoll zu sehen.

Der Staatsanwalt bekam zu hören: Einsteigeort „Marktplatz", die Türe ging erst auf, als Ina Walter klopfte, das Schimpfwort Sau hörte sie nicht, die Angeklagte war ihren Ärger schnell wieder los, der Chauffeur stieg aus, stieg wieder ein, fuhr los und die eingesperrte Frau bekam Angst.

Neben diesen klaren Aussagen enthält das Protokoll einige sehr fragwürdige Sätze. Zum Beispiel hätte Ina Walter gesagt:

Frau Jordan sei völlig ausser sich und nicht zu stoppen gewesen.

Zuvor aber gab sie an, dass Eva Jordan ihre Emotion beim Kantonsspital wieder los war, und das sind fünf Minuten. Ja, selbst die Auskunftsperson Phil Hotz sagte aus, die Dame habe sich beruhigt. Abschliessend unter Bemerkung hätte Ina Walter gesagt:

Frau Jordan hat nicht auf die Fakten reagiert, sondern auf die Interpretation der Fakten. Es tut mir leid, dass sie sich so wenig im Griff hat.

Was für Fakten meinst du da? Das würde Eva sie gerne fragen. Was hat das Wort Interpretation mit einer Zeugenaussage zu tun? Das fragt sich doch ein jeder, der denken kann. Eva dünkt es, das sei eine versteckte Information für den Anwalt, den sie beiziehen wird. Ob Ina Walter die Sache so genau ins Auge fasste, bevor sie unterzeichnete, ist zu bezweifeln. Wenn sie das Protokoll nur schnell überflog, dann ist es ihr nicht aufgefallen, und wenn sie gemerkt hat, da stehen Sachen, die sie nicht sagte, dann hat sie akzeptiert, denn einem Staatsanwalt redet man für gewöhnlich nicht dagegen.

Wer würde es anders erwarten? Die Aussagen der Ina Walter bleiben ohne Einfluss auf das Urteil vom 16. Juni 2015. Die Staatsanwaltschaft hält daran fest und gibt die Sache weiter an die nächsthöhere Stufe, es heisst:

In der Strafsache wegen Beschimpfung ist das Untersuchungsverfahren abgeschlossen. Auf Grund der tatsächlichen und rechtlichen Verhältnisse ist nun das Kantonsgericht zuständig. Innerhalb von einer Frist von 10 Tagen können neue Tatsachen und Beweisanträge, so wie Einwendungen gegen die vorgesehene Erledigung geltend gemacht werden.

Eva weiss zwar, was sie geltend machen könnte und was zu untersuchen wäre, aber sie weiss auch, dass jegliche Bemühung, die sie selbst unternehmen würde, verschwendete Zeit wäre. Sie nimmt deshalb ganz schnell wieder den Kontakt auf, zum Anwalt Beat Braun, den sie sagen hörte:

Wenn Sie mit dieser Verurteilung nicht leben können, dann müssen wir dagegen vorgehen.

Er schaltet sich ein und das Verfahren verzögert sich um zwei Monate. Am 7. August 2015 bekommt sie von ihm einen Brief, in welchem er schreibt:

Sobald ich sehe, dass ein Treffen notwendig ist, werden wir einen Termin vereinbaren.

Doch zu einer solchen Sitzung kommt es nicht, denn am 15. Oktober erhält sie einen zweiten Brief, er beginnt so:

Die Prüfung der Verfahrensakten hat klar ergeben, dass Sie nicht nur vom Buschauffeur, sondern auch von Herrn Phil Hotz belastet werden. Das Wort „Sau" ist also gefallen, offenbar auch das Wort „Sauladen."

Eva ist es, als würde ein Pfeil knapp an ihrem Kopf vorbeisausen, sie ringt nach Atem, sie erholt sich vom Schrecken, liest weiter und erfährt:

Die Aussagen der Zeugin Ina Walter ändern daran nichts und es sei nicht damit zu rechnen, dass die Auskunftsperson Phil Hotz seine Aussage zurück ziehe. Sie könne die Behandlung durch das Gericht verlangen, dann komme es zu einer neuen Einvernahme, das Risiko, dass das Gericht die Verurteilung bestätige aber sei sehr groß.

Demzufolge ist sein Rat, sie solle den Strafbescheid akzeptieren, es sei dies die günstigere Angelegenheit. Er sagt aber auch: Wenn sie das gerichtliche Verfahren haben wolle, dann würde er dies der Staatsanwaltschaft mitteilen.

Sie müsste ihm einen Kostenvorschuss von zweitausend Franken überweisen, das aber tut sie nicht, obwohl sie kämpfen will, denn akzeptieren kann sie nicht. Unverzüglich macht sie sich auf die Suche nach einem anderen Anwalt. Als Erstes nimmt sie dafür eine Rechtsberatung in Anspruch. Der junge Mann, der dafür im Dienst steht, bringt sie zum Erstaunen. Er schlägt das Buch auf und schon hat er den Paragrafen, auf Grund dessen vorgegangen werden kann. Er liest ihr den entscheidenden Satz vor und weil sie ihn darum bittet, notiert er den Art. 177 Abs. 2 StGB.:

Hat der Beschimpfte durch sein ungebührliches Verhalten zu der Beschimpfung unmittelbar Anlass gegeben, so kann der Richter den Täter von Strafe befreien.

Es ist ihr damit ein wenig geholfen, denn nun weiss sie, dieses Urteil lässt sich auch anders bekämpfen, nicht nur durch die Aufdeckung der Lüge, falls dies nicht möglich sein sollte. Sie würde sich fügen, denn der Schuldige und Ankläger wäre doch zumindest mitschuldig.

Bereits am nächsten Tag schon findet sie einen Anwalt, der gewillt ist, die Vertretung zu übernehmen. Sie legt ihm die Notiz auf den Tisch, doch er nimmt sie kaum zur Kenntnis, er kann ihr eine andere Hoffnung machen. Sie erfährt, dieses Gespräch, welches Mob Hänsli im Bus führte, ist aufgezeichnet, weil jedes Gespräch mit der Polizei aufgezeichnet wird. Er kann davon eine Kopie verlangen und auch sie wird zu hören bekommen, was festgehalten wurde. Wie sie das freut, denn sie rechnet damit, dass ihre Stimme in den Hörer drang mit den Worten: „Lassen Sie mich aussteigen." Mob Hänsli aber gab zu Protokoll:

Daraufhin forderte ich die Dame höflich und drei Mal auf, das Postauto zu verlassen.

Mit grosser Zuversicht verlässt Eva die Kanzlei, zu welcher der junge, dynamische Mann gehört. Sie leistet dem Anwalt Andi Früh den verlangten Vorschuss von eintausend und fünfhundert Franken. Er wird sich um die Mandatsauflösung mit Beat Braun kümmern, sich die Akten schicken lassen, ihr Kopien zusenden und sie auf dem Laufenden halten.

Auf die CD mit der Aufnahme des Telefonats ist Eva sehr neugierig. Es könnte sogar sein, dass zu hören ist, dass der Beamte sagte: „Lass sie aussteigen, wir packen sie nachher." Sie hegt die Vermutung, da liege der Grund dafür, dass sie den Bus doch noch verlassen konnte. Mob Hänsli hätte sie doch gern der Polizei übergeben, nur deshalb hielt er sie fest.

Eva vermutet auch, sie kann nicht anders, es drängt sich ihr buchstäblich auf, mit dem Einblick in dieses Gespräch wäre zudem aufgedeckt, dass dieses Lügengebilde dem Staatsanwalt gerade recht komme, um sie zu einer Vorbestraften zu machen. Denn damit konnte er, gut möglich, der Elite einen Dienst erweisen. Für sie steht fest, Thom Burger wusste, wie einst Pontius Pilatus im Prozess gegen Jesus Christus, die Frau ist unschuldig.

Es ist nicht die erste Fehde, in die Eva wegen Ungerechtigkeit und Machtmissbrauch geraten war. Was sie dabei erlebte, das steht in einem andern Buch: „Dunkle Machenschaften und Gottes Licht - Im Dschungel der Justiz." Damals war sie Anklägerin und sie hatte allen Grund dazu. Sie führte ihren Kampf mit Gottes Hilfe bis an die Spitze, und den Einblick, den sie dadurch gewinnen konnte, der ist gewaltig. Was dabei zum Vorschein kam, das ist, wie es ein Pfarrer sagte, nicht nur ein unerhörter Skandal, sondern auch eine Sensation.

Es kann also sein, dass sie verurteilt wurde, weil sie den Kampf geführt hatte, aber es kann nicht sein, dass es daran liegt, weil sie aus ihrer Erfahrung eine Publikation gemacht hatte, dazu kam es erst im Februar 2016.

Zurück zum Verlauf dieses Prozesses, der hiermit zur Aufzeichnung kommt. Bereits nach dem ersten Brief des Anwalts Andi Früh, sie erhält ihn am 29. Oktober 2015, kann für Eva die anfängliche Zuversicht nicht mehr dieselbe sein. Jetzt bekommt sie zu lesen:

Es ist nach meiner Beurteilung unverändert so, dass es ausserordentlich schwierig wird, hier einen Freispruch zu erwirken. Die Aussagen des Zeugen sind glaubhaft, gleichzeitig ist der Zeuge als Person sehr glaubwürdig. Sie müssen sich überlegen, ob allenfalls mit einer einvernehmlichen Lösung ein Schuldspruch vermieden werden könnte.

Er sagt aber auch, sie solle anrufen, um einen Besprechungstermin zu vereinbaren. Das tut sie und dann sitzt sie eine Stunde bei ihm. Ernüchtert muss sie feststellen:

„Ich werde nicht so vertreten, wie ich es mir vorgestellt habe und wie es mein Wunsch ist. Gegen die schwere Verleumdung vorzugehen, das hat er nicht im Sinn."

Ihr ist, als würde er wollen, aber nicht können. Dass es eine strube Sache ist, das zeigt er ihr mit seinen Haaren. Zerzaust und wirr stehen sie ihm jetzt zu Berg, als sie bei ihm anklopfte, da waren sie schön zurückgekämmt. Sie sagt ihm immer wieder, was sie von ihm erwartet und was es zu erreichen gilt, er aber weiss nichts anderes, als ihr die Aussichtslosigkeit kundzutun und darauf hinzuweisen, dass sie bereit sein muss, den Weg zu gehen, den er ihr vorschlägt. Schlussendlich hat er sie so weit, dass sie ihm zustimmt, den Versuch zu machen, mit Mob Hänsli eine aussergerichtliche Einigung zu finden.

Am 11. November 2015 erhält sie von ihm das Schreiben, welches er Mob Hänsli schicken würde, wenn sie denn einverstanden wäre. Doch davon ist sie weit entfernt, es käme ihr vor, als würde sie sich für schuldig erklären und vor diesem fürchterlichen Lügner den Bückling machen. Nein, das tut sie nicht, unter keinen Umständen. Sie hatte sich bereit erklärt, Mob Hänsli entgegenzukommen, damit sich ein Prozess abwenden liesse, aber doch nicht so. Ein Satz aus dem Brief des Andi Früh:

Frau Jordan möchte sich bei Ihnen für ihren Beitrag zur Eskalation in aller Form entschuldigen.

Eva machte zur Bedingung, dass Mob Hänsli auf seine Schuld hingewiesen wird, die gross ist, sehr gross sogar. Doch davon kommt im ganzen Brief nicht eine Spur vor. Ihr Beitrag zur Eskalation ist winzig klein. Er besteht nur darin, dass sie in ihrer Empörung, weil er sie nicht mitnehmen wollte, unfreundlich war.

Durch die Erklärung, eine Beilage zum Brief, würde ihr Peiniger zudem die Möglichkeit bekommen, Kosten geltend zu machen, die sie bezahlen müsste, damit dieser Rückzug erwirkt werden kann. Es reut sie, diesen Weg überhaupt in Betracht gezogen zu haben. In ihrer Stellungnahme vom 22. November 2015, die Antwort auf seinen Brief vom 11. November, erklärt sie ihm unmissverständlich, dass sie ganz und gar nicht einverstanden ist. Sie will, dass er für sie kämpft, und sie weist ihn auf vier mögliche Untersuchungen hin, die zu ihrer Entlastung führen:

Punkt 1: Das Tondokument, Hänslis Anruf bei der Polizei, wird Klarheit schaffen und es wird dabei auch zu erfahren sein, wie lange er mich festhielt.

Punkt 2: Einsteigeort Theater, wenn er anhalten musste, dann ging die Türe sofort auf, das weiss die Postauto AG in St. Gallen. Dass Phil Hotz denselben Einsteigeort angegeben hat wie er, weist klar auf eine Abmachung hin.

Punkt 3: Bitte nehmen Sie Kontakt auf zum Büro in Heiden. Mob Hänsli behauptete, ich sei von dort verwarnt worden. Der Einsatzleiter, ich weiss nicht, wie er heisst, wird Ihnen bestätigen, dass es so nicht ist, und auch, dass ich nicht ein derartiger Problemfall bin, wie Mob Hänsli angegeben hat.

Punkt 4: Protokollgemäss hat Frau Walter gesagt, ich hätte mich nicht an die Fakten gehalten. Fragen Sie doch bei ihr nach, an was für Fakten ich mich hätte halten sollen.

Abschliessend lässt Eva ihren Anwalt wissen:

„Nach dem Brief, den Sie für mich verfasst haben, würde ich Mob Hänsli die Hand zur Versöhnung entgegenstrecken und die Schuld für diesen Konflikt zur Gänze auf mich nehmen, obwohl er die Ursache dafür ist. Wenn Sie es nicht schaffen, mich freizubekommen, dann bin ich unschuldig verurteilt."

Andi Früh nimmt ihre Argumentation nicht zur Kenntnis, er schiebt ihren Einwand einfach auf die Seite und hält ihr vor, sie habe sich doch dafür mit ihm abgesprochen. Er kennt nur ein Bemühen, und das ist, wie aus seinem Brief vom 27. November 2015 ersichtlich wird, sie umzustimmen:

Die Beweislage gegen Sie ist erdrückend. Ohne Rückzug des Strafantrages wird es aufgrund der aktuellen Aktenlage praktisch unmöglich, einen Freispruch zu erwirken. Entsprechend empfehle ich

Ihnen nochmals, die Möglichkeit über einen Rückzug zu nutzen. Sie entschuldigen sich mit dem Brief nur sehr pauschal und selbstverständlich für ihren eigenen Beitrag. Sie können mir gerne auch eine andere Formulierung vorschlagen. Meines Erachtens sollte man den Advent für eine einvernehmliche Regelung nutzen. Der Kalender bietet selten solch günstigen Hintergrund.

Eva kann so schnell darauf nicht antworten, denn zuerst muss sie diesen Brocken verdauen, und zudem bereitet es ihr grosse Mühe, ihm noch einmal sagen zu müssen, dass sie definitiv zu diesem Handel nicht bereit ist. Erneut weist sie ihn darauf hin, was er zu ihrer Entlastung tun kann, zudem bekommt er zu wissen:

„Die Herausforderung zum Konflikt liegt bei Mob Hänsli, Sie kennen den Paragrafen, den Sie dafür einsetzen können."

Den Brief schliesst sie ab mit einem klaren „Nein", indem sie sagt:

„Es liegt nicht an ein paar Worten, die da geändert werden könnten, dieser Weg stimmt generell für mich nicht. Ich fühle mich dadurch stark gedemütigt und keineswegs befreit von den schrecklichen Verleumdungen."

Andi Früh hat offenbar, auf seinen Brief vom 27. November, ganz rasch eine Antwort erwartet, denn bereits am 1. Dezember fragt er sie per Mail:

Wollen Sie das Schreiben abgeändert versenden? Falls ja, welche Änderungen soll ich vornehmen?

Sie mailt ihm sofort zurück, dass er ihre Reaktion morgen bekommen werde. Mit dem Schreiben bekam er ein weiteres Mal zu wissen, dass sie den vorgeschlagenen Weg nicht gehen wird. Er schweigt und weil sie nicht weiss, ob er ihren Brief erhalten hat, schickt sie ihm das Mail am 11. Dezember 2015 noch einmal zu.

Er antwortet:

Danke fürs Email, ich habe Ihre Post vom 2. Dezember übersehen, entschuldigen Sie bitte.

Aufgrund Ihrer Ausführungen im Anhang werde ich definitiv kein Schreiben an Herrn H. richten. Ich beurteile diesen Ihren Verzicht als heikel, zumal Sie sich damit die Chance eines Rückzugs (zumindest jetzt) verbauen. Ich werde die möglichen Beweisanträge prüfen und Ihnen nächste Woche einen Entwurf zukommen lassen.

Was er unternimmt, um die Beweise zu bekommen, erfährt sie nicht. Sie erwartet diesen Entwurf, vermutlich das Plädoyer, aber er lässt wochenlang rein gar nichts von sich hören.

Am 15. Februar 2016 erhält sie stattdessen eine Vorladung zu einer zweiten Einvernahme. Der Staatsanwalt Thom Burger will sie selbst befragen. Am selben Tag meldet sich auch der Anwalt wieder, er tut es mit einem Brief zu ihrer Orientierung:

Staatsanwalt Burger hat heute angerufen, er wird am Montag, 29.02.2016, um 11 Uhr eine Einvernahme von Ihnen durchführen. Sie haben bei dieser Einvernahme auch die Möglichkeit, umfassend ihre Sichtweise und die Gründe darzulegen, welche gegen die Erfüllung des Tatbestands sprechen. An sich ist es nicht notwendig, dass ich daran teilnehme, zumal es nicht darum geht Drittpersonen Ergänzungsfragen zu stellen. Ich ersuche Sie hier um Mitteilung, ob ich teilnehmen soll.

In der Sache selber bin ich unverändert der Auffassung, dass nur mit einem Rückzug eine Verurteilung abgewendet werden kann.

Entsprechend bin ich immer noch der Ansicht, dass es in Ihrem Interesse ist, wenn wir das Schreiben an den Strafkläger wie vorbereitet absenden. Es geht hier nicht um ein Schuldeingeständnis, sondern einzig darum, dass man hier den Rückzug erwirkt. Ich bitte Sie, sich hierzu nochmals Gedanken zu machen.

Die Antwort bekommt er am 21. Februar 2016 per Mail. Dabei erinnert sie ihn an sein Versprechen bezüglich Beweisanträge. Sie bittet ihn, ihr bis zum 26. Februar das Resultat seiner Bemühungen zu senden, weil sie damit rechnet, es könnte hilfreich sein beim Staatsanwalt. Und zum wiederholten Mal führt sie auf, was sie erwartet:

> Das Tondokument, Anruf des Mob Hänsli bei der Polizei an der Haltestelle Dorf Wald.
>
> Die Bestätigung vom Büro der Postauto AG in Heiden, dass ich nie dahin Kontakt aufgenommen habe.
>
> Die Antwort der Ina Walter auf die Frage, an welche Fakten ich mich hätte halten sollen.
>
> Die Auskunft bei der Postauto AG St. Gallen, wie schnell die Tür am Theater aufging, ob überhaupt jemand zustieg und wie lange die Verzögerung am Marktplatz dauerte.

Zum Abschluss teilt Eva ihm mit: „Ich bereite mich gut vor auf diese Einvernahme. Sie lassen mich wissen, dass es Ihre Anwesenheit nicht braucht, aber ich werde nicht ohne Begleitung sein, die beobachtend der Sitzung beiwohnt."

Die Suche nach einer geeigneten Person erweist sich als schwierig. Doch niemals könnte sie diesem Staatsanwalt allein gegenübersitzen, dafür fehlte ihr jegliches Vertrauen. Gerade noch rechtzeitig kann sie jemanden finden. Und damit sie auch sicher sein kann, dass ihre Begleitung im Raum sein darf, erkundigt sie sich, was dafür zu unternehmen ist. Es heisst, eine schriftliche Anmeldung mit einem Arztzeugnis ist die einzige Garantie dafür. Ihrem Arzt klarzumachen, dass sie eine Rückenstärkung braucht, ist kein Problem. Er kennt sie und er weiss, dass eine solche Situation für seine Patientin das pure Gift ist, sie würde bereits mit einer riesigen Portion negativem Stress ankommen.

Montag, 29. Februar 2016, die Einvernahme des Staatsanwalts Burger, seine Fragen und ihre Antworten, laut Protokoll:

T. Burger: *Mit Strafbefehl vom 16. Juni 2015 sind Sie wegen Beschimpfung bestraft worden. Gegen diesen Strafbefehl haben Sie Einsprache erhoben. Halten Sie an der Einsprache fest?*

Eva: *Ja natürlich.*

T. Burger: *Wie begründen Sie die Einsprache?*

Eva: *Der Strafbefehl ist völlig einseitig. Das Schimpfwort ist nicht gefallen. In der Empörung, dass der Buschauffeur die Türe nicht öffnete, sagte ich zu ihm: Herrgott Sack, haben Sie mich nun wirklich nicht mitnehmen wollen.*

T. Burger: *Nach der Beweislage ist davon auszugehen, dass Sie den Chauffeur Mob Hänsli mit „Sau" betitelt haben. Was sagen Sie dazu?*

Eva: *Frau Walter, die Zeugin hat das nicht bestätigt. Sie sass ganz nahe von mir und ist nicht schwerhörig. Ich glaube, es gab eine Absprache zwischen Herrn Hänsli und Phil Hotz, beide haben den falschen Einsteigeort angegeben. Sie sagten, ich sei beim Theater eingestiegen, dabei war es bei der Haltestelle Marktplatz. Beide nennen mich im Protokoll als Dame. Das finde ich abwertend.*

T. Burger: *Wir werden die Strafsache zur Beurteilung an das Kantonsgericht überweisen und Anklage im Sinne des Strafbefehls erheben. Wollen Sie abschliessend noch etwas bemerken?*

Eva: *Ich hätte allen Grund gehabt, Herrn Hänsli anzuklagen. Er stieg aus und stellte sich mir in den Weg. Er sperrte mich im Bus ein. Er behauptete, dann, ich wolle nicht aussteigen. Er hat viele Lügen erzählt.*

Zur Sache selbst stellte er ihr nur diese vier Fragen. Das Protokoll, vorgelegt zur Unterzeichnung, fasst sie gründlich ins Auge. Dabei stellt sie fest, dass er das Einsperren im Bus nicht festgehalten hat. Sie möchte, dass es aufgeführt ist, und er fügt den Sachverhalt ein.

Eva wirft bei der Aufarbeitung dieser Sache einen Blick zurück und sagt:
„Der Raum in diesem brandneuen Gebäude war klein und schmal. Vor mir sass der Staatsanwalt, hinter mir die Begleitung, eine vierte Person hätte kaum Platz gehabt. Die Sitzung dauerte weniger als eine Stunde. Es lief ruhig und ganz ohne Stress ab. Ich fühlte mich gut und stark, im Bewusstsein, das Richtige zu tun, indem ich mich gegen dieses Urteil auflehne, und dass ich nicht bereit bin, den vorgeschlagenen Weg zu gehen."

Ihr Anwalt verlangt am 22. März 2016 eine Fristverlängerung, die bekommt er bis zum 2. Mai 2016. Am 25. Mai schickt er ihr die Überweisung ans Gericht und den folgenden Brief:

Zur Beurteilung Ihrer Strafsache ist nun das Kantonsgericht zuständig. Das Gericht wird nun eine Frist ansetzen, damit man allfällige Beweisanträge stellen kann. Ich bin unverändert der Auffassung, dass der einzige Weg über einen Vergleich mit der Privatklägerschaft führt. Die Zeugen belasten Sie erheblich und es sind keine Hinweise aktenkundig, welche auf eine bewusste Falschbelastung hindeuten. Entsprechend sehe ich aktuell auch keine Beweisanträge, die effektiv Sinn machen. Auch die von Ihnen verlangte Abklärung erachte ich unverändert als nicht zielführend. Entsprechend empfehle ich Ihnen nun nochmals, Vergleichsgespräche mit der Strafklägerschaft aufzunehmen bzw. mir die entsprechende Anweisung zu geben. Alles andere führt meines Erachtens zu einem kostenpflichtigen Schuldspruch vor Gericht, wobei sich für mich mittlerweile auch die Frage stellt, ob meine Bemühungen überhaupt noch Sinn machen, wenn Sie Empfehlungen und Vorschläge betreffend Ihrer Verteidigung nicht annehmen und die Verteidigungsstrategie selbst festlegen. Das Gericht wird nun eine Frist zur Stellung von Beweisanträgen ansetzen. Ich bitte Sie höflich um Mitteilung, ob ich Sie in dieser Angelegenheit weiter vertreten soll, oder ob Sie allfällige Beweisanträge selber formulieren wollen.

Wie war sie erschrocken! Aber vier Tag später, am Sonntag, den 29. Mai, hatte sie sich davon erholt und Andi Früh bekam die Antwort:

„Ich bestehe darauf, dass Sie die entsprechenden Beweisanträge einholen. Sie haben die Kompetenz dazu, dafür habe ich Ihnen das Vertrauen geschenkt und Ihnen einen Vorschuss von tausendfünfhundert Franken geleistet.

Sie haben einen Paragrafen, den sie einsetzen können. Mob Hänsli hat mich provoziert. Ausser der spontanen Äusserung, die ein Fluch genannt wird, und ‚ich muss nach Wald', habe ich nichts, aber auch gar nichts zu ihm gesagt. Es ist naheliegend, Mob Hänsli und Phil Hotz haben sich gekannt und abgesprochen, beide nennen mich ‚die Dame' und geben den falschen Einsteigeort an.

Es ist durch Frau Walter bestätigt, dass ich mich auf der Höhe vom Kantonsspital wieder beruhigt hatte, dass ich den Chauffeur in keiner Weise bei seiner Fahrt gestört habe, das ist ebenso bestätigt durch die Auskunftsperson Phil Hotz. Er gab zu Protokoll, ich sei nach einer Viertelstunde wieder beruhigt gewesen. Die Begründung des Mob Hänsli, warum er in Wald aussteigen musste, ist die pure Lüge und eine böse Unterstellung.

Bitte, Herr Früh, verhelfen Sie der Wahrheit und der Gerechtigkeit zum Sieg. Bedenken Sie die Grundlagen unserer Verfassung und schieben Sie gegen diese Willkür einen Riegel. In einem Rechtsstaat muss man sich wehren können und dafür habe ich Sie engagiert. Sie können mich freibekommen, wenn Sie wollen."

Den Brief schickt sie per Mail, im Anhang, mit der Bitte, er möge den Erhalt rasch bestätigen. Das tut er und zudem verspricht er ihr:

Sie erhalten von mir einen Entwurf für die Eingabe beim Gericht.

Eva mailte ihm am 1. Juni zurück, um zu sagen: „Schön, dass ich einen Entwurf für die Eingabe beim Gericht erwarten darf. Vor allem aber möchte ich jetzt endlich das Tondokument hören, Gespräch des Mob Hänsli im Bus mit der Polizei. Ich möchte auch die Bestätigung sehen, die sie von der Postauto AG erhalten haben."

Seine Antwort auf dieses Schreiben ist ein Anruf und in der Folge kommt es am 15. Juni 2016 zu einem zweiten Gespräch in seiner Kanzlei.

Eva erinnert sich, sie sagt:
„Es war furchtbar, er hatte nur das eine Ziel, mich umzustimmen, doch ich blieb beharrlich. Er schrie mich an, ich sei stur, ich sei gar nicht verhandlungsfähig und vieles mehr. Ich hielt es nicht mehr aus, auf dem Stuhl sitzen zu bleiben, ich musste mich bewegen. Und während ich um den grossen Tisch herumlief, diktierte er ein Schreiben ans Kantonsgericht. Ich dachte, der tut nur so, dieses Schreiben werde ich nie zu sehen bekommen. Das aber war kein Theater, er gab es mir in die Hand.“

Der Wortlaut:

Wir wiederholen den zuhanden der Staatsanwaltschaft am 11. November 2015 gestellten Beweisantrag auf Beizug der Aufnahme des Notrufs von Mob Hänsli vom Sonntag, 26. April 2015. Gemäss Akten hat Mob Hänsli nach der angeblichen Ehrverletzung den Polizeinotruf avisiert. Nachdem die Aussage von Phil Hotz und Mob Hänsli in Bezug auf die konkrete angebliche Ehrverletzung widersprüchlich sind, interessiert unverändert der Inhalt des Notrufs. Notrufe werden nach unserem Kenntnisstand aufgezeichnet, die Staatsanwaltschaft hat dem entsprechenden Beweisantrag nicht stattgegeben. Wir beantragen entsprechend nochmals den Beizug dieses Tondokumentes. Es ist davon auszugehen, dass die entsprechenden Äusserungen des Chauffeurs Hinweis auf den massgeblichen Sachverhalt zulassen. Entsprechend ersuchen wir Sie höflich um Beizug der Aufnahme des Notrufs.

Dass Andi Früh vor Monaten schon versucht hatte, Einblick in das Gespräch vom Bus zur Polizei zu bekommen, das hatte Eva nicht gewusst. Er händigte ihr auch jenes Schreiben aus, welches er im September 2015 an die Staatsanwaltschaft verfasst hatte, aber es gibt Grund zu zweifeln, ob es denn auch als Einschreiben auf die Post ging, jedenfalls ist kein diesbezüglicher Hinweis zu finden.

Dieser zweite Versuch, den er unternahm, um an dieses Gespräch heranzukommen, adressiert an die Richterin Ella Zeit, war ein Einschreiben, das kann man sehen.

Zusammen mit diesem Brief erhält Eva, am 17. Juni 2016, auch ein ausführliches Schreiben ihres Anwalts zur bevorstehenden Gerichtsverhandlung. Er meint noch immer, er könne sie dazu bringen, Mob Hänsli die Hand entgegenzustrecken, und vor allem will er sie davon abbringen, an der Herausgabe der Gesprächsaufzeichnung festzuhalten.

Seine Begründung ist:

Wenn das Gericht die Glaubwürdigkeit von Hänsli zu prüfen hat und nun das uns nicht bekannte Gespräch mit der Notrufzentrale das Wort „Sau" erwähnt wurde, so dürfte dies die Glaubwürdigkeit von Hänsli stützen. Ich möchte vermeiden, dass durch den Inhalt des Notrufs die Glaubwürdigkeit von Hänsli gestützt wird. Meines Erachtens ist das Risiko bei Beizug des Notrufs höher, als mögliche entlastende Momente. Entsprechend empfehle ich Ihnen nun nochmals auf den entsprechenden Beweisantrag zu verzichten.

Er zeigt sich aber auch bereit, den Versuch zu machen, an diese Aufzeichnung heranzukommen:

Falls Sie trotz meiner anderslautenden Empfehlung den entsprechenden Antrag gestellt haben wollen, ersuche ich Sie höflich um schriftliche Mitteilung. Ich würde dann das angehängte Schreiben ans Gericht senden. Aus verteidigungstaktischen Überlegungen erachte ich den Beizug nicht als sinnvoll.

Am Schluss seines Briefes lässt er sie noch wissen:

Im Hinblick auf die Hauptverhandlung bin ich unverändert der Meinung, dass Sie mit Hänsli einen Vergleich schliessen sollten, dies ist auch vor Gericht noch möglich.

Eva schickt ihm noch am selben Tag ihre Antwort, sie lautet wie folgt:

„Ich verstehe überhaupt nicht, warum Sie Angst haben, das Tondokument Notruf könnte unsere Chance verringern. Ich bin überzeugt, das Gegenteil ist der Fall. Ich möchte gerne wissen, wer dafür gesorgt hat, dass ich den Bus bei der Haltestelle Dorf doch noch verlassen konnte. Und zu hören, was Mob Hänsli bei diesem Gespräch mit der Polizei zusammengelogen hat, wäre hoch interessant. Vielleicht hat er dort eine ganz andere Geschichte erzählt als drei Tage später auf dem Posten, ein schlechtes Gedächtnis hat er ja, das zeigt seine Angabe zum Einsteigeort."

Sie schliesst mit den Worten:

„Es gäbe noch viel zu sagen, aber damit wissen Sie, was ich will. Ich erwarte Ihren ganzen Einsatz für mich."

Enorme Zweifel müssen ihr kommen, ob sie mit dem Anwalt eine Verteidigung hat. Vielmehr dünkt es sie, er vertrete die Interessen dessen, der sie mit seinen Lügen besudelte und verunstaltete. Und weil es inzwischen so gut wie erwiesen ist, dass hinter Mob Hänsli, der auf die Anklagebank gehört, der Staatsanwalt steckt, sieht sie darin den Grund für das Verhalten des Andi Früh.

Die Vorladung zum Prozess am 12. Juli 2016 kam bereits am 1. Juni. Das gab schön viel Zeit, um sich vorzubereiten. Es ist ihr wichtig, dass der Prozess öffentlich ist, sie möchte Publikum dabei haben. Die Sache soll nicht abgeschirmt und unbeobachtet über die Bühne gehen. Ihr Anwalt muss das nicht verlangen, es sei gewährleistet, wird ihr versichert, weil die Verhandlung im grossen Gerichtssaal stattfinde.

Am 8. Juli schickt ihr Andi Früh, per Mail im Anhang, das Plädoyer zu. Eva kann hoffen, dass sie einen Freispruch bekommt, denn er hat einiges herausgefunden, das zwingend dazu führen muss. Vor allem sind die Einvernahmen von Mob Hänsli und Phil Hotz aus verschiedenen Gründen gar nicht verwertbar.

Einblick ins Plädoyer:

Einvernahme von Hotz Phil vom 27.4.15

Es wird in der Einvernahme festgehalten, dass er als Auskunftsperson zu einem Vorfall einvernommen werde, bei welchem ein Postautochauffeur durch einen Fahrgast beschimpft und beleidigt wurde. Die Auskunftsperson wurde vor vollendete Tatsachen gestellt. Es wurde ihm suggeriert, dass die Beschuldigte sich einer Beschimpfung schuldig gemacht hat. Dieser Hinweis hätte viel offener formuliert werden müssen. Allein schon deshalb ist die ganze Einvernahme beweisuntauglich und nicht verwertbar. Die Polizei war offensichtlich befangen und voreingenommen.

Einvernahme von Hänsli Mob vom 29.4.15

Auch hier geht der befragende Polizist offenbar schon von einem erfüllten Tatbestand aus, obwohl er ganz am Beginn der Ermittlungen steht. Es wäre Aufgabe der Polizei abzuklären, ob tatsächlich eine Beschimpfung stattgefunden hat bzw. ob der Chauffeur wirklich ungebührlich angegangen wurde. Wenn eine Einvernahme mit solch einseitigen Feststellungen beginnt, kann nicht mehr von einer objektiven Strafuntersuchung gesprochen werden. Es fragt sich auch in diesem Zusammenhang wie denn dieser Einvernahmetermin abgemacht wurde. Es finden sich keine Vorladungen in den Akten, auch keine Telefonnotizen der Polizei betr. einer mündlichen Einladung zu Einvernahme.

Wie es zu diesen Einvernahmen gekommen ist, erhellt sich einzig aus dem Rapport von Pol. Poch vom 26. April 2015. Es wird festgehalten, dass er selber am fraglichen Abend ausgerückt sei und zur Klärung der Sachlage mit dem Chauffeur ein Treffen bei der Endstation in Heiden vereinbart worden ist. Offenbar haben dort unprotokollierte Gespräche zwischen Polizei, Postautochauffeur und Auskunftsperson Hotz stattgefunden. Dort hat der Cauffeur offenbar seine Erlebnisse geschildert, es wurde auch Hotz befragt, welcher die Angaben angeblich bestätigt hat.

Diese Gespräche zwischen dem Strafantragssteller, der Auskunftsperson Hotz und der Polizei wurden nicht protokolliert. Es finden sich in den Akten nicht einmal Aufschriebe der Polizei zum Inhalt dieser Gespräche.

Hingegen ist das Gespräch anscheinend direkt in die Einvernahme eingeflossen und zwar insofern, als man den offenbar mündlich besprochenen Sachverhalt in die Einvernahme aufgenommen hat. Dieses Vorgehen ist weder üblich noch von der Strafprozessordnung vorgesehen.

Offensichtlich lies sich der Polizeibeamte völlig einseitig beeinflussen, er war von Anfang an von der Schuld der Beschuldigten überzeugt und hat dies sogar noch in den Einvernahmeprotokollen festgehalten. Der Polizeibeamte hat sich durch die Gespräche mit der Auskunftsperson und dem Strafkläger offensichtlich völlig einseitig beeinflussen lassen, er war klassisch befangen, was zur Unverwertbarkeit der beiden erwähnten Einvernahmen führt.

Die beiden erwähnten Einvernahmen sind auch aus einem zweiten Grund nicht verwertbar:

Eine belastende Zeugenaussage ist nur verwertbar, wenn der Beschuldigte den Belastungszeugen wenigstens einmal während des Verfahrens in direkter Konfrontation befragen konnte. Damit die Verteidigungsrechte gewahrt sind, muss die Gelegenheit der Befragung angemessen und ausreichend sein und die Befragung tatsächlich wirksam ausgeübt werden können. Der Beschuldigte muss namentlich in der Lage sein, die Glaubhaftigkeit einer Aussage zu prüfen und den Beweiswert in kontradiktorischer Weise auf die Probe und infrage zu stellen.

Dem Anspruch, dem Belastungszeugen Fragen stellen zu können kommt grundsätzlich absoluter Charakter zu. Auf eine Konfrontation kann nur unter besonderen Umständen verzichtet werden. Etwa dann, wenn der Zeuge inzwischen verstorben ist oder trotz angemessener Nachforschungen unauffindbar blieb.

In Fällen, in denen Aussage gegen Aussage steht und keine weiteren Sachbeweise oder Indizien vorliegen, ist die Einvernahme des Belastungszeugen vor Gericht unverzichtbar.

Strafantragssteller Hänsli und Auskunftsperson Hotz wurden pol. befragt, ohne dass die Beschuldigte Kenntnis von dieser Befragung hatte. Auf der Basis dieser Befragung wurde dann ein Strafbefehl erlassen. Frau Jordan hat sich umfassend und schriftlich zu den Vorwürfen geäussert und einen wesentlich anderen Sachverhalt geltend gemacht, als der Strafantragssteller. Bei dieser Konstellation hätte der Staatsanwalt von Amtes wegen eine Konfrontation durchführen und Hotz als Zeuge befragen müssen. Bei Hotz hätten klarerweise die Partei-bzw. Teilnahmerechte eingeräumt werden müssen.

Dass die Staatsanwaltschaft dies unterlässt und die Voruntersuchung völlig unvollständig und mangelhaft dem Gericht überweist, ist für uns nicht nachvollziehbar. Das Gericht hat wahrscheinlich genau aus diesem Grund Hänsli zur Befragung eingeladen. Diese Befragung mag aber nichts daran zu ändern, dass die Aussage von Hotz im vorliegenden Verfahren komplett unverwertbar sind. Das

Gericht darf heute die Ausführungen von Hotz nicht kennen und sich dadurch auch nicht beeinflussen lassen. Insbesondere darf es auch nicht die heutigen Aussagen von Hänsli vor dem Hintergrund der unverwertbaren Aussagen von Hotz würdigen.

Durch die heutige Befragung von Hänsli werden dessen Aussagen bei der Polizei ebenfalls nicht verwertbar. Das Problem liegt dort unverändert darin, dass ein völlig voreingenommener einseitig ermittelnder Polizist voreilig falscher Vorhalt gemacht hat, was entsprechend zu einer Unverwertbarkeit der Aussagen von Hänsli geführt hat.

Fazit

Es liegen schlicht und einfach keine verwertbaren Beweise im Recht.

Diesen seinen Ausführungen hat Andi Früh ein Dutzend Hinweise auf Gesetzesartikel beigefügt. Derart gut ausgerüstet, konnte Eva nur ein positives Ergebnis erwarten, was sich wohltuend auf ihre Psyche auswirkte, so dass sie völlig ohne Stress auf das Ereignis zugehen konnte, leichtfüssig und entspannt.

Auf Wunsch ihres Anwalts fährt sie, am 12. Juli 2016, in die Stadt, um mit ihm in seiner Kanzlei noch eine kleine Besprechung zu haben. Anschliessend nimmt er sie in seinem Auto nach Trogen mit, wo die Verhandlung stattfindet.

Acht Personen, Leute die Eva eingeladen hat, warten bereits auf der Bank im Gang vor der Türe. Abseits von ihnen sitzt der Chauffeur, die Auskunftsperson Phil Hotz ist nicht dabei, ihre Zeugin Ina Walter auch nicht. Pünktlich um 14:15 Uhr wird der Einlass gewährt. Die Richterin Ella Zeit und eine junge Frau, die Gerichtsschreiberin, sitzen bereits an ihren Plätzen. Rechts von Eva nimmt der Chauffeur Platz, links von ihr, der Anwalt, hinter ihnen sitzen die Zuhörer. Bis zur Vorsitzenden und ihrer Gehilfin könnten es etwa drei Meter Abstand sein.

Das Haus, in dessen oberster Etage sich der Gerichtssaal befindet, ist ein vornehmer Bau aus den Anfangsjahren des 19. Jahrhunderts. Es lebten da einmal sehr reiche Leute. Die Türe ist von wunderschönem Holz, sie wird aber von innen mit zwei Schiebetüren aus Spiegelglas verdeckt. Es ist ein freundlicher Tag, nicht ganz wolkenlos, aber die Sonne blitzt immer wieder durch die hohen Fenster in den Raum, der mit grünen Kunstmarmorplatten und Stuckaturen geschmückt ist.

Ihr Anwalt hat sich herausgeputzt, sein Haar ist nicht nur schön zurückgekämmt, er ging extra noch zum Friseur. Eva hält das halblange Haar mit einem weissen Band zurück und hat natürlich das Beste aus dem Kleiderschrank genommen. Schuhe mit einem kleinen Absatz trägt sie, was sie selten tut.

Er darf gleich nach der Eröffnung das Plädoyer vortragen. Die Richterin scheint über seine Rede ein wenig zu erschrecken und empört zu sein. Sofort als er damit fertig ist, sagt sie: „Der Freispruch ist garantiert, selbstverständlich, das geht nicht, wir sind ein Rechtsstaat."

Danach lässt sie Mob Hänsli zu Wort kommen. Er weist mit seiner Hand auf Eva hin und sagt dabei: „Sie hat gelogen." Die Richterin schaut ihn streng an und stellt ihn sofort ab. Was im Weiteren gesprochen wird, das will Ella Zeit dem Publikum vorenthalten. Alle Zuhörer müssen den Saal verlassen.

Eva würde sich gerne rechtfertigen, sie ist auf eine Befragung eingestellt, aber dazu kommt es nicht. Die Richterin scheint an der Wahrheit überhaupt nicht interessiert zu sein. Sie strebt nur ein Ziel an, und das ist, so schnell wie möglich abschliessen zu können. Doch das kann sie ganz offensichtlich nur, wenn Mob Hänsli seine Klage zurückzieht. Also gehen alle ihre Anstrengungen in diese Richtung. Sie will Eva dazu bringen, dass sie sich bei Mob Hänsli entschuldigt. Dazu ist die Frau aber nicht bereit, auch nicht, als die Richterin es mit Druck versucht, indem sie sagt:

Anders gibt es den Freispruch nicht.

Eva entgegnet ihr: „Ich kann mich nicht für etwas entschuldigen, was ich nicht gesagt habe, das geht gegen meinen Charakter."

Die Richterin schaut sie mit grossen Augen an, aber sie hört nicht auf, weiterhin Druck auszuüben.

Diese Zwangssituation bringt Eva körperlich und nervlich in einen argen Zustand. Sie hat Schmerzen vom Kopf bis zu den Zehen. Zur Erleichterung schlüpft sie aus den Schuhen, zudem steht sie auf und läuft hin und her. Ihr Anwalt, er hat sich bis zu diesem Moment total zurückgehalten, kommt jetzt auf eine glänzende Idee. Er nimmt sie bei der Hand und verlässt mit ihr den Raum. Sie geht mit ihm, ohne Schuhe, einen Stock tiefer, wo er ihr im Gang stehend auf einem Block den Satz notiert:

Ich bedauere, an jenem Abend so emotional reagiert zu haben.

Diese Worte hat Eva Mob Hänsli vorzulesen, wenn sie es nicht tut, bekommt sie den Freispruch nicht, und zudem hat sie ihn als Anwalt verloren. Weil sie findet, es wäre doch wirklich besser, wenn sie nicht so emotional geworden wäre, auch wenn er sie dazu provoziert hatte, bringt sie es fertig, ihm zugewendet, die Worte vom Blatt zu lesen. Die Richterin wirft dem Anwalt einen erstaunten Blick zu und dem Chauffeur einen fragenden. Mob Hänsli nickt zustimmend. Ella Zeit scheint froh zu sein. Sein Zeichen, dass er es annimmt und seine Klage zurückzieht, bewirkt, dass die Verhandlung augenblicklich geschlossen ist.

Die Tür wird geöffnet, das Publikum darf wieder in den Saal und die Richterin gibt den Freispruch bekannt. Eva ist einerseits erleichtert und anderseits doch nicht, ihre Freunde freuen sich darüber mehr, als sie selbst sich freuen kann. Sie wissen ja nicht, was in dieser Stunde, während sie warteten, abgelaufen ist. Zwar sahen sie, dass sie arg mitgenommen und ohne Schuhe mit ihrem Anwalt nach unten lief, aber warum, das konnte ihnen natürlich nur ein Rätsel sein.

Für Eva ist längst nicht alles erreicht, was sie erreichen wollte. Ihr Ziel war es, dass die Lügen aufgedeckt werden und sie Befreiung von dieser Verleumdung erfährt. Auf dieser Basis hätte der Freispruch zu Stande kommen müssen und nicht durch Zwang. Sie fühlt sich durch diese Prozedur wie gefoltert. Dennoch will sie das Ereignis ein wenig feiern. Sie lädt alle ein, auch den Anwalt, auf einen Drink ins nahe gelegene Gasthaus.

Andi Früh bekommt grosse Bewunderung und die Richterin ist einfach eine Amtsperson, die hart durchgreift. Eva bekommt von ihm noch einmal zu hören, dass sie wahnsinnig stur sei und eine sehr schwierige Person. Daran denkt er halt nicht, dass er nur durch ihren Widerstand in die Situation kam, ein Retter zu sein. Mit unüberhörbarem Stolz in der Stimme lässt er verlauten:

Es ist eine grosse Leistung, dass ich sie gegen drei Uniformierte freibekommen habe.

Er meint den Polizisten, den Chauffeur und den Korporal. Sie spricht es nicht aus, aber es liegt ihr auf der Zunge:

„Ja, gegen drei Uniformierte und einen Staatsanwalt. Thom Burger führte eine absolut bevorzugte Behandlung für den Ankläger. Er drückte beide Augen zu und verurteilte mich, trotz zahlreicher Indizien, die bei einer Untersuchung dagegengesprochen hätten."

Sieben Tage nach der Verhandlung erhält Eva von ihrem Anwalt das Urteil zugestellt. Sie stutzt, ja, sie kann es kaum fassen, die Staatsanwaltschaft ist als Anklägerin aufgeführt und Mob Hänsli ist Privatkläger 1, als wenn es noch mehrere gäbe.

Die Verfügung (das Urteil):

Mit Strafbefehl vom 16. Juni 2015 wurde die Beschuldigte wegen Beschimpfung, begangen am 26. April 2015, schuldig gesprochen und zu einer bedingten Geldstrafe von 10 Tagsätzen zu je CHF 80.00, unter Ansetzung einer Probezeit von zwei Jahren und zu einer Busse von CHF 400.00 (Ersatzfreiheitsstrafe bei schuldhaftem Nichtbezahlen 4 Tage) verurteilt. Mit Einsprache vom 21. Juni 2015 erhob die Beschuldigte fristgerecht und begründet Einsprache gegen den Strafbefehl. Am 23. Mai 2016 überwies die Staatsanwaltschaft die Akten an die Einzelrichterin des Kantonsgerichts Appenzell Ausserrhoden zur Durchführung des Hauptverfahrens.

Die Beschimpfung ist ein Antragsdelikt. Der Berechtigte kann seinen Strafantrag zurückziehen, solange das Urteil zweiter Instanz noch nicht eröffnet ist. Wurde ein Strafantrag rechtsgültig zurück gezogen, fehlt eine Prozessvoraussetzung, weshalb das Verfahren definitiv einzustellen ist. Anlässlich der Hauptverhandlung drückte die Beschuldigte ihr Bedauern über ihre emotionale Reaktion am Abend des 26. April 2015 aus. Daraufhin zog der Privatkläger seinen Strafantrag zurück.

Da das Verfahren gegen die Beschuldigte eingestellt wird, sind die Verfahrenskosten von insgesamt CHF 920.00 auf die Staatskasse zu nehmen.

Wird die beschuldigte Person ganz oder teilweise freigesprochen oder wird das Verfahren gegen sie eingestellt, so hat sie Anspruch auf Entschädigung ihrer Aufwendungen für die angemessene Ausübung ihrer Verfahrensrechte. Sowohl der Beizug eines Verteidigers als auch der von diesem betriebene Aufwand müssen angemessen sein. Der vorliegende Fall hat zwar in seiner Gesamtheit gesehen Bagatellcharakter, doch waren die aufgeworfenen rechtlichen Fragen (Unverwertbarkeit von Beweismitteln) genügend komplex, um den Beizug eines Verteidigers zu rechtfertigen.

Die Höhe der Entschädigung richtet sich nach dem Anwaltstarif und dem zeitlichen Aufwand. Die Verteidigungskosten müssen in einem vernünftigen Verhältnis zur Komplexität bzw. Schwierigkeit des Falls und zur Wichtigkeit der Sache stehen.

Der Verteidiger reichte an der Hauptverhandlung eine Kostennote von über insgesamt CHF 3 564.00 ein. Der Verteidiger macht einen Aufwand von 13 Stunden geltend. Dies scheint angemessen. Er multipliziert seinen Aufwand mit einem Stundensatz von CHF 250.00. Das mittlere Honorar beträgt gemäss Verordnung über den Anwaltstarif allerdings nur CHF 200.00 pro Stunde, weshalb entsprechend reduziert wird. Hinzu kommen die geltend gemachten Barauslagen von CHF 50.00 sowie die Mehrwertsteuer von 8%. Dies ergibt eine Entschädigung von CHF 2 862.00.

Dieser Entscheid kann mit Beschwerde angefochten werden, innert 10 Tagen seit Zustellung. Dieser Bescheid ist schriftlich und begründet beim Obergericht einzureichen.

Eva hätte allen Grund, Beschwerde zu führen, denn die schreckliche Verleumdung ist unter den Tisch gewischt. Zudem hat ihr Anwalt Genugtuung verlangt, stattdessen bleibt ihr ein beachtlicher Rest, der nicht vergütet wird. Doch sie weiss, die Chance mehr zu erreichen, als erreicht ist, die hat sie nicht. Zudem ist sie durch diesen Prozess derart mitgenommen, auch körperlich, dass ihr dazu jegliche Kraft fehlen würde.

Die Auswirkung dieses negativen Stresses ist fünf Tage später, am Sonntag, 17. Juli 2016, noch nicht vorbei. Sie hat eine Bergtour geplant und wagt es, mitzugehen. Ihre Kameraden haben keine Ahnung von dem, was sie durchmachte und können nicht verstehen, warum sie bei jeder Rast ganz schnell in tiefen Schlaf fällt. Sie hat auch Mühe, Schritt zu halten, aber die Bergtour zeigt sich dennoch als die beste Therapie, zur Erholung von dieser ungeheuren Strapaze einer Gerichtsverhandlung.

Bereuen muss sie ihren Kampf nicht. Bereuen müsste sie, wenn sie dem Drängen zu einem aussergerichtlichen Vergleich nachgegeben hätte, das wäre eine grosse Dummheit gewesen. Sie hätte die ganzen Anwaltskosten selber tragen müssen, der Schuldige hätte nicht nur die Genugtuung bekommen, sie als Bittstellerin zu sehen, er hätte auch eine finanzielle Forderung stellen können und die Staatsanwaltschaft könnte sich über den Sieg freuen.

Der Chauffeur Mob Hänsli war nach dem Vorfall, 26. April 2015, ein ganzes Jahr nicht mehr am Steuer. Er sei krank, konnte Eva über einen seiner Kollegen erfahren. Kurz vor dem Prozess sah sie ihn das erste Mal wieder fahren. Seit die Gerichtssache abgeschlossen ist, grüsst er sie freundlich, er nennt sie sogar beim Namen. Selbstverständlich grüsst sie auch, so wie sie es tat, bevor er ihr den Gruss plötzlich nicht mehr abnahm.

Ein paar der Äusserungen der Richterin aus der Verhandlung, die sehr zu denken geben:

Bagatellcharakter

Wie zutreffend, wenn eine falsche Anschuldigung vor Gericht zu einer Verurteilung führt, wenn das Lügengebilde mit Barrikaden geschützt wird von der Behörde.

Sie haben ein Arztzeugnis verlangt für die Einvernahme beim Staatsanwalt.

Warum hielt sie ihr das vor? Eva hatte allen Grund, misstrauisch zu sein, sie war durch diese Umstände buchstäblich gezwungen, Vorkehrungen zu treffen.

Die Chemie stimmt nicht zwischen euch.

Es betrifft den Chauffeur und die Angeklagte. Gewiss, das ist so. Die beiden sind wie Tag und Nacht, das aber darf keine Rolle spielen zwischen einem Fahrgast und einem Chauffeur. Dieser Einwand ist einer von den Sätzen, die der Adjunkt Ramon Poch ins Protokoll einbrachte, ohne dass Eva es sagte.

Der Staat hat seine Gesetze, es sind vermutlich tausend, vielleicht auch mehr, denn plötzlich kommt wieder eines dazu, so wie eben das, welches zu diesem Prozessfall führte. Eva hat dazu in ihrer Tageszeitung eine treffende Kolumne gelesen unter dem Titel:

„Sie Trottel!“

Vielleicht hätte der Gesetzgeber zweimal überlegen sollen, ob er es dem Bürger mit der neuen Strafprozessordnung so einfach machen soll, wegen Ehrverletzung, Beleidigung und Beschimpfung zu klagen. Denn seit sie 2011 eingeführt wurde, haben sich entsprechende Anzeigen beinahe verdoppelt.

Was steckt dahinter? Sind wir in den letzten Jahren Unflate geworden, verroht vom kondensierten Hass in den sozialen Medien? Oder hat die politische Korrektheit unsere Nehmerqualitäten untergraben, sodass wir schon beim kleinsten Treffer k.o. gehen? Wahrscheinlich beides. Und beides ist unnötig.

Beleidigungen können verletzen, aber ein mündiger Bürger kann das aushalten. Wer deswegen Anzeige erstattet, gibt nur zu, dass er getroffen wurde und zu lahm war, sich angemessen zu wehren.

Es gibt nur zwei Reaktionen auf Beleidigungen. Entweder ignoriert man sie. Oder man schlägt zurück, und zwar mit tödlicher Präzision. Mit der ersten Strategie beweist man eine starke Persönlichkeit. Mit der zweiten verschafft man sich Befriedigung. In beiden Fällen aber lernt man etwas dazu, wird also stärker - selbst wenn man unterliegt.

Das Beispiel der Journalistin, wie man zurückgeben kann, sei hier ausgespart. Jedoch ihr Schlusswort soll noch einmal zur Sprache kommen:

So geht das. Und das ist allemal sinnvoller, als sein verletztes Ego vor einen Richter zu schleppen und ihm etwas vorzuheulen. Denn auch das ist eine Beleidigung, nämlich für die Intelligenz des Richters.

„Und dem Richter etwas vorzulügen“, kann Eva sagen. Sie hat mit ihrem Ausspruch den Chauffeur nicht einmal beleidigt, denn was sie sagte in ihrer Empörung, weil er sie ganz offenbar nicht mitnehmen wollte, ist weiter nichts als ein sogenannter Fluch. Solche Sprüche kommen den Leuten hier zu Lande häufig über die Lippen.

Sie sagt:
„Zu dieser spontanen Äusserung kann es bei mir kommen, wenn etwas passiert mit dem ich nicht gerechnet habe. Früher war solch ein Ausspruch gar nicht in meinem Kopf. Ich glaubte, man versündige sich damit, weil man den Namen Gottes verunehre. Doch das ist vorbei, davon habe ich Befreiung gefunden. Schön finde ich dieses Wortgebilde nicht, aber es dünkt mich, es stecke eine gewisse Potenz darin, und das ist eine Kraft, die ich mir wünschte. Ich habe diese Buchstabenkombination nicht häufig in Gebrauch, aber immer ohne schlechtes Gewissen. Denn wie dieser Gott, für den in jedem Dorf mindestens eine Kirche steht, wirklich zu nennen wäre, das hat auch Mose nicht erfahren. Und sein Sohn Jesus Christus, der Mensch war, fühlt sich bestimmt nicht betroffen. An ihn denkt man, wenn man betet, und nicht, wenn einem ein sogenannter Fluch über die Lippen rutscht.

Dieser Horror, durch eine Willkürjustiz hervorgerufen, ist vorbei und doch nicht vorbei, denn ich weiss nicht, was mir dieses Gericht noch zumutet. Völlig unschuldig kann ich verurteilt werden, und dass ich mich mit einem Anwalt dagegen wehren kann, das ist nicht selbstverständlich. Ich hatte Glück, mit dem ersten klappte es nicht, wie man sieht. Doch auch er hatte seine Aufgabe in diesem Prozess, der seinen Anfang so eigentlich am 26. April 2015 genommen hat. Eine Rechnung hat mir Beat Braun bis dato nicht gestellt.“

Anmerkung zu Seite 9:

Joh. 10/11: Ich bin der gute Hirte, der gute Hirte lässt sein Leben für die Schafe.

Eva hat für sich eine Antwort auf die Frage gefunden. Sie hält diese Metapher für einen klaren Hinweis auf das Jenseits. Das irdische Leben geht zu Ende, aber es gibt einen überirdischen Teil im Menschen, und der lebt weiter. Und wer in dieser Welt zu IHM gehört, der bleibt bei IHM, auch wenn er stirbt. Dafür steht er ein, der Mensch, der sich am Kreuz geopfert hat, und er wirkt vom Jenseits ins Diesseits.

So sieht es aus, wenn der Wolf ein Mensch ist.